Lao Tse

Tao Te Ching

Edición por
Vladimir Antonov

Traducido al español por
Anton Teplyy

Correctores de traduccion:
Nicolas Nessi y Micaela Rossi

2013

ISBN 978-1434891303

El libro Tao Te Ching (Libro sobre Tao y Te) fue escrito hace aproximadamente 2500 años por un gran adepto espiritual chino, llamado Lao Tsé. En aquella encarnación, Lao Tsé era un discípulo del Maestro Huang Di[1], no encarnado en aquel tiempo, y alcanzó la autorrealización espiritual plena.

En la actualidad, Lao Tsé proporciona ayuda espiritual a las personas encarnadas representando a Tao en forma de Te (pueden encontrar las explicaciones en el texto del libro).

Esta versión del Tao Te Ching fue realizada por el pedido personal de Lao Tsé.[2]

El libro Tao Te Ching es uno de los manuales fundamentales de la filosofía y metodología del desarrollo espiritual.

http://www.swami-center.org/es
http://es.path-to-tao.info

© Vladimir Antonov, 2008.

---

[1] Pueden encontrar más detalles acerca de Huang Di en los libros *Obras clásicas de la filosofía espiritual y la actualidad* y *Cómo conocer a Dios. Libro 2. Autobiografías de los estudiantes de Dios*, bajo la redacción de Vladimir Antonov.

[2] Lao Tsé basó este pedido en que una traducción totalmente adecuada del Tao Te Ching puede ser hecha sólo por aquella persona que ha recorrido personalmente el Camino entero del conocimiento de Tao.

1. No se puede conocer a Tao[1] sólo hablando de Tao.

No se puede denominar con nombre humano este Origen del cielo y de la tierra Que es la Madre de todo.

Sólo aquel que se liberó de las pasiones terrenales puede verlo. Pero aquel que todavía tiene estas pasiones puede ver sólo Su Creación.

Por otra parte, aunque sean llamados por nombres diferentes[2], Tao y Su Creación son, en sustancia, Uno. Ambos son sagrados. Y el paso que existe entre éstos es la puerta a todo lo verdaderamente milagroso.

2. Cuando las personas llegan a saber lo que es bello, aparece también la noción de lo feo.

Cuando llegan a saber lo que es bueno, aparece también la noción de lo malo.

De esta manera existencia e inexistencia, lo difícil y lo fácil, lo largo y lo corto, lo alto y lo bajo permiten conocer mutuamente lo uno y lo otro.

Los diferentes sonidos, uniéndose, crean la armonía. De la misma manera, lo anterior y lo siguiente van uno tras otro armoniosamente.

---

[1] Los sinónimos de esta palabra de origen chino son: la Conciencia Primordial, el Creador, Dios Padre, Alá, Ishvara, Svarog, etc.

[2] El Creador y la Creación, Que juntos se denominan con el término *Absoluto*.

La persona sabia prefiere la *no acción*[3] y permanece en el *silencio*[4]. Todo pasa a su alrededor como por sí mismo. Ella no se siente apegada a nada en la Tierra. No se apropia de nada hecho por ella y después de crear algo, no se enorgullece de esto.

Puesto que esta persona no se ensalza, no alardea y no exige respeto especial de los demás, resulta agradable para todos.

3. Si no vamos a ensalzar con elogios a unos supuestos escogidos, no habrá envidia entre la gente. Si no vamos a exhibir tesoros materiales, no habrá ladrones. En otras palabras, si no vamos a poner a la vista los objetos de las pasiones, no habrá tentaciones.

Un gobernante sabio no crea tales tentaciones para el pueblo, sino que se preocupa de que las personas estén bien alimentadas. Esto elimina las pasiones y fortalece la salud de los súbditos. Sí, un gobernante sabio siempre se esfuerza para que la gente no tenga tentaciones y pasiones y para que las personas profundamente viciosas no se atrevan a actuar.

La ausencia de todo lo mencionado trae la tranquilidad.

---

[3] La quietud de la mente y del cuerpo, lo que también implica la detención del flujo de los pensamientos. Esto permite aprender el arte de la meditación y desarrollarse como una conciencia. (El que percibe la palabra *no acción* con dificultad puede reemplazarla mentalmente con la palabra *meditación* al leer este texto).

[4] Aquí se trata del *silencio interior*, llamado *hesiquia* (o *hesichia*) en griego. De allí, se originó el *hesicasmo*, una antigua corriente del misticismo cristiano (pueden encontrar más detalles en el artículo *Práctica del Hesicasmo Moderno*, de Vladimir Antonov).

4. Tao se parece al vacío. ¡Pero es omnipotente! Está en la *Profundidad*[5].
Es el Origen de todo.
Controla todo.
Satura todo.
Se manifiesta como la *Luz Brillante*.
¡Es lo *Sutilísimo*!
¡Es la Esencia de todas las cosas!
No se puede describir Su origen, pues Tao es Primordial.

5. La materia —sea aquella que está en el cielo o la que está en la tierra— es imparcial con todas las criaturas, sean plantas, animales o personas; a pesar de esto, es un sostén para todos.

De la misma manera, la persona sabia es imparcial con los demás.

El espacio sobre la tierra está vacío y libre, así como el espacio dentro de un fuelle o una flauta. Y cuanto más espacio existe para una actividad, más eficiente esta actividad puede ser.

Quien interfiere en asuntos ajenos y encima habla demasiado se vuelve insoportable para los demás.

Por lo tanto, es mejor siempre seguir el principio de la no interferencia y mantener la tranquilidad.

---

[5] En la profundidad de la multidimensionalidad o, en otras palabras, en el extremo «sutil» del vector de la escala de la multidimensionalidad.

6. La vida y el desarrollo de lo *Sutilísimo*[6] son eternos e infinitos.

Lo *Sutilísimo* es el *Fundamento Profundo* de todo el resto.

Es Aquello *sobre Lo Cual* el mundo material existe.

Y es Lo Que actúa sin recurrir a la violencia.

7. El cielo y la tierra son duraderos. Son duraderos porque no existen por sí mismos ni *para sí mismos*. Éstos fueron creados por Tao y existen *para Tao*.

La persona sabia se pone detrás de los otros y así no les estorba y puede guiarlos. Ella no estima la vida de su cuerpo; no obstante, su vida está cuidada por Tao.

Esto sucede, porque ella tampoco existe aquí *para sí misma*. Por esta razón, las necesidades de esta persona se cubren *para ella*.[7]

La persona sabia existe *para Tao* y sirve a Tao.

8. La persona sabia vive como el agua. El agua sirve a todos los seres y no exige nada para sí. El agua permanece más bajo que todos. Y en esto es parecida a Tao.

La vida debe seguir el principio de la naturalidad.

¡Sigue el *sendero del corazón*! ¡Sé afable!

¡Di sólo la verdad!

---

[6] Tao.

[7] Su cubren por Tao (nota del traductor).

¡Dirige observando el principio de mantener la tranquilidad!

Cada acción debe ser factible y oportuna.

Quien no procura estar delante de los otros puede evitar muchos errores.

9. No hay que verter agua en un vaso lleno. Y no tiene ningún sentido afilar demasiado la hoja del cuchillo. Y si la sala entera está repleta de oro y jaspe, ¿quién podrá resguardarla?

El exceso en todo provoca la desgracia.

Cuando el trabajo ha sido terminado, hay que retirarse.

Estas son las leyes de la armonía sugeridas por Tao.

10. Para mantener la tranquilidad, hay que experimentar la *Unidad con Todo*[8]. En este caso, no podrán aflorar los falsos deseos egocéntricos.

Hay que refinar la conciencia. Que uno se asemeje en esto a un recién nacido. Aquel que llega a ser tan sutil, ya no tendrá más equivocaciones.[9]

Hay que gobernar el país y al pueblo con amor y sin violencia.

Las puertas desde el mundo material al mundo oculto se abren con la observancia de la tranquilidad. La comprensión de esta verdad surge con la *no acción*.

¡Educar sin violencia, crear sin alabarse ni apropiarse de lo creado, siendo el mayor entre los otros,

---

[8] Es decir, hay que experimentarse como una parte integrante del Absoluto.

[9] Pues, sólo a través de esto, es posible conocer a Tao.

no ordenar! ¡He aquí la verdadera rectitud del Gran Te[10]!

11. Treinta radios se unen en una rueda. Pero su utilización también depende del espacio vacío entre los radios.

Hacen los vasos de arcilla. Pero su utilización depende del espacio vacío que hay en éstos.

Hacen paredes, puertas y ventanas en una casa. Pero su utilización también depende del espacio vacío que hay en ésta.

Así es como se relaciona la utilidad de los objetos con el espacio vacío.

12. Quien ve sólo cinco colores en el mundo es parecido a un ciego.

Quien oye sólo los sonidos del mundo material es parecido a un sordo.

Quien, comiendo, percibe solamente el sabor de la comida material se engaña.

Quien, obsesionado por las ganancias, corre a toda prisa es demente.

Persiguiendo tesoros y adornos, actúas en tu propio detrimento.

En cambio, los esfuerzos de la persona sabia se concentran en tener suficiente comida, y no en tener muchas cosas. Y ella, contentándose con poco en el mundo de la materia, escoge lo *Primordial*.

---

[10] La ética más alta sugerida por Te (el Espíritu Santo o el Brahman).

13. El honor y la deshonra son igualmente temibles. La celebridad es una gran desgracia en la vida.

¿Qué significa que «el honor y la deshonra son igualmente temibles»? Significa que las personas, arriesgándose, luchan por su honor y luego temen perderlo.

¿Qué significa que «la celebridad es una gran desgracia en la vida»? Significa que tengo una gran desgracia porque estimo mi nombre.

Cuando deje de estimar mi nombre, tendré muchas menos desgracias.

Por eso, la persona sabia nunca procura enaltecerse. Ella sólo sirve abnegadamente a otras personas y así puede vivir entre ellas en paz. Ella no lucha contra nadie por nada y, por lo tanto, es invulnerable.

14. Si miras a Tao, no Lo notas enseguida. Por eso Lo llaman «difícilmente visible».

Si escuchas a Tao, no Lo oyes inmediatamente. Por eso Lo llaman «difícilmente audible».

Si intentas asirlo, no es fácil alcanzarlo. Por eso Lo llaman «difícilmente alcanzable».

¡En Tao están Aquellos Que son admirables![11] Y todos Ellos están unidos en Tao en *Uno Solo*.

Tao es igual arriba y abajo.

Tao —siendo infinito— no puede ser llamado por el nombre específico de ninguno de Ellos.

---

[11] Aquí se trata de los Espíritus Santos Que salen de Tao y Que son idénticos a Éste. En Su totalidad, Ellos son llamados «el Espíritu Santo» en la tradición cristiana.

Ellos emanan de Tao manifestando Cada Uno Su individualidad y luego otra vez vuelven al estado sin manifestación individual.

Tao no tiene figura corpórea ni rostro. Por lo tanto, sobre Tao dicen que es oculto y misterioso.

Al encontrarme con Tao, no veo Su rostro; camino tras Tao y no veo Su espalda.

Siguiendo estrictamente el perpetuo Camino de la transformación de uno mismo, como alma, se puede conocer el *Origen Eterno*. Este Camino es el Camino hacia Tao.

15. Desde tiempos inmemoriales, aquellos que eran aptos para la Iluminación espiritual conocían los escalones pequeños y grandes, ocultos y difíciles de este Camino.

No era fácil reconocer a tales adeptos. Permítanme describir su imagen a grandes rasgos: eran cautos, como si cruzaran una corriente en el invierno; eran circunspectos porque se cuidaban de los extraños; eran siempre prontos a obrar porque sabían el carácter temporal de su estancia en la Tierra; eran vigilantes, como si caminaran sobre el hielo que está derritiéndose; eran sencillos y no rebuscados; eran vastos como un valle; eran inaccesibles para las miradas ociosas.

Eran aquellos que sabían, manteniendo la tranquilidad, transformar lo sucio en puro.

Eran aquellos que contribuían a la evolución de la Vida.

Ellos veneraban a Tao y se satisfacían con poco en el mundo de la materia. Sin desear mucho, se limitaban a lo que tenían y no buscaban más.

16. ¡Creo un *vacío*[12] completo en mí y alcanzo la tranquilidad total! ¡Que todo a mi alrededor se mueva por sí mismo! ¡Que todos a mi alrededor florezcan espiritualmente y avancen hacia el conocimiento de su verdadera Esencia[13]!

Aquellos Que llegan a conocer su verdadera Esencia obtienen la tranquilidad completa. Esto significa que han alcanzado la *Morada común de Todos Los Perfectos*[14].

La Existencia en esta *Morada* debe llegar a ser permanente. Quien ha logrado tal permanencia se llama Iluminado, Perfecto, Conocedor de la Sabiduría Suprema.

Aquellos Que han alcanzado esta *Morada* representan al *Unido Nosotros*, el *Gobernante Supremo*. Esta *Morada* también se llama *Cielo*[15]. Esta es la Morada del Tao Eterno.

Tao es incorpóreo y nadie puede asirlo. Por lo tanto, es invulnerable.

17. El *Gobernante Supremo* concede a todos Sus súbditos la posibilidad de desarrollar la conciencia. Pero este *Gobernante* no procura beneficiarlos o premiarlos con lo terrenal, ni tampoco inculcarles el miedo y el temor hacia Él.

---

[12] En este caso, se trata de un estado meditativo Nirvánico, llamado Nirodhi. En este estado, el *yo* individual desaparece completamente disolviéndose en Tao.

[13] El Atman, el *Yo Superior*, Tao.

[14] La Morada del Creador.

[15] O los Cielos.

Quien sólo cree bobamente no sabe sobre esto. Pero Aquel Que ha conocido a este *Gobernante* ya no cree bobamente.

¡Oh, cuán profunda es esta verdad!

Obteniendo buen resultado, sigo progresando más aún y ante mí revelan aún mayor entendimiento de *Todo*.

18. Si en el país han negado al Gran Tao, se comienzan conversaciones sobre «humanismo», sobre «justicia»… ¡Pero en esta situación tales conversaciones no son nada más que una gran hipocresía!

De la misma manera, cuando hay discordia en la familia, surgen exigencias de «respeto filial» y de «amor paternal».

Y cuando en el país entero hay tal desorden, surgen lemas de «patriotismo» y de «amor a la patria».

19. Cuando tal falsedad e hipocresía sean eliminadas, el pueblo será cien veces más feliz. La falsedad, la sed por las ganancias, el robo, la crueldad hacia los seres vivos, todo esto desaparecerá cuando las personas obtengan el conocimiento verdadero. Pues todos los vicios[16] humanos se deben a la falta de conocimiento. Es el conocimiento lo que mostrará a las personas que, por su propio bien, es mejor ser sencillo y bondadoso, moderar los deseos terrenales y liberarse de las pasiones perniciosas.

---

[16] O defectos del alma.

20. ¡Dejen de guardarle fidelidad a las cosas a las cuales están apegados y se liberarán de la aflicción y de la autocompasión! ¡Sólo procediendo así se puede obtener el *Soporte*[17] verdadero en la vida! ¿Acaso no vale la pena rechazar las esperanzas y costumbres comunes de la gente para cumplir este propósito?

¡Cuán grande es la diferencia entre el bien y el mal!

¡No hagas lo que es indeseable para el otro! Sólo con este principio se puede reducir el caos y establecer el orden en la sociedad.

Pero, mientras tanto, todas las personas se entregan a la vanidad y el caos se está apoderando de la sociedad.

Sólo yo estoy tranquilo y no me expongo a la vista de todo el mundo. Soy semejante a un niño que no ha nacido en este mundo de vanidad.

Todas las personas están cautivadas por los deseos mundanos. Y sólo yo me negué a todo lo que ellas valoran. Soy indiferente a esto.

Todas las personas viven en su egocentrismo. Y sólo yo escogí liberarme de éste.

Estoy fluyendo como una Corriente de la Conciencia en la Inmensidad y no sé cuándo me detendré.

¡Yo —*en mi corazón*— estoy conociendo a Tao! ¡Oh, es tan *sutil*!

Me distingo de los demás porque valoro a Aquel Que creó todas nuestras vidas.

---

[17] Tao.

21. Te emana de Tao. Y Tao mora en la *Profundidad Primordial*.

Te es Lo Que actúa y mueve. Es tan misterioso y oculto como Tao. ¡Pero también existe verdaderamente!

Te puede tener forma.

Y posee el poder. Su poder supera todo lo que existe en el mundo.

Es posible ver a Te. Desde los tiempos remotísimos hasta el presente, no se calla la Voz de Te Que expone la Voluntad del Creador del mundo material entero.

¿Dónde puedo ver el rostro de Te? ¡Por todas partes!

22. Contentándote con poco, lograrás mucho. Persiguiendo mucho, te desviarás del camino. La persona sabia atiende este precepto. ¡Y sería bueno que este precepto también persuada al mundo entero!

La persona sabia cree no sólo en lo que ve con sus ojos físicos y, por lo tanto, ve *claro*.

Ella no se considera como la única que tiene la razón y, por lo tanto, sabe la verdad.

Ella no tiene sed de honor, pero las personas le honran.

No busca ser una autoridad, pero las personas le siguen.

No lucha contra nadie y, por lo tanto, es invencible.

No siente la autocompasión y, por lo tanto, puede perfeccionarse con éxito.

Sólo aquel que no procura estar delante de todos puede vivir en armonía con todos.

La persona sabia se ocupa de todos y, por lo tanto, se vuelve un ejemplo para todos.

Es luminosa, pero no busca brillar.

No se alaba, pero aun así le respetan.

No se enaltece y, por lo tanto, siempre le tienen en mucha estima.

En tiempos muy remotos, decían que lo imperfecto se mueve hacia la Perfección. ¿Acaso son palabras vanas? ¡No! ¡En verdad, alcanzando la *Unidad*, llegarás a la Perfección!

23. ¡Habla menos y sé más sencillo!

El viento fuerte no sopla toda la mañana; la lluvia intensa no dura todo el día. ¿De quién depende esto? Del cielo y de la tierra.

El cielo y la tierra, aunque son grandes, no pueden engendrar nada *eterno*, mucho menos el hombre. Por eso es mejor servir al *Tao Eterno*.

Y el que con sus obras sirve a Tao obtiene el derecho a alcanzar la Unión con Éste.

Quien se ha refinado[18] hasta el estado de Te se vuelve idéntico a Te.

Quien se ha refinado hasta el estado de Tao se vuelve idéntico a Tao.

Quien es idéntico a Te obtiene el éxtasis[19] de Te.

---

[18] Como conciencia o alma.

[19] Los sinónimos de esta palabra son dicha suprema, deleite más alto, beatitud.

Quien es idéntico a Tao obtiene el éxtasis de Tao.

Pero una persona indigna no tiene tal posibilidad.

¡Es irrazonable dudarlo!

24. Quien se para de puntillas no puede permanecer así por mucho tiempo.

Quien camina dando pasos largos no puede andar así durante mucho tiempo.

Quien está a la vista de todos no puede conservar su fuerza por mucho tiempo.

Quien se alaba no obtendrá la fama.

Quien vive compadeciéndose de sí mismo se vuelve cada vez más débil y no puede perfeccionarse.

Quien es envidioso no conseguirá el éxito.

Quien se enaltece no obtendrá la autoridad.

Quien se entrega a los excesos en la comida, quien hace cosas sin sentido, quien se irrita por todo y siente repugnancia hacia todo no hallará la paz.

Mirando desde Tao, se ve que todo esto es provocado por deseos viciosos. Todo esto es un comportamiento absurdo. A tales personas todos les dan la espalda.

Pero aquel que busca la Unión con Tao no hace ninguna de las cosas mencionadas.

25. ¡Oh, Lo Que nació antes que el cielo y la tierra, Lo Que vive en la tranquilidad, Lo Que no tiene forma, Lo Más Sutil, Lo Unido y Lo Único Existente, Lo Que reside en todas partes, Ilimitado, Invulnerable, la Madre de todo! A Ti Te llaman Tao. ¡Y yo Te llamaré también Lo Más Grande y Eterno en Su desarrollo infinito!

El hombre, la tierra y el cielo, todos, dependen de Tao. Pero Tao no depende de nadie.

26. El trabajo diligente permitirá alcanzar una existencia fácil en el futuro.

Pero también sabemos que la tranquilidad es lo más importante en el movimiento.

Por eso la persona sabia trabaja afanosamente todo el día sin dejar el trabajo duro. Con todo, haciéndolo, permanece en estado de perfecta tranquilidad.

Ella incluso puede vivir en el lujo y éste no la corrompe.

¿Por qué, entonces, el dueño de diez mil carros de caballos, siendo orgulloso, desprecia el mundo entero? ¡El desprecio corroe el alma!

¡Y la ausencia de tranquilidad lleva a la pérdida del *Soporte!*

27. Quien conoce el Camino encontrará la dirección correcta aun sin una senda bien marcada por las pisadas. Quien sabe hablar no se equivoca. Quien sabe contar no comete errores en la cuenta. El mejor tesoro no tiene cerradura, pero nadie puede abrirlo. Los mejores lazos son aquellos que no se mantienen con nada material, pero es imposible romperlos.

La persona sabia es capaz de salvar a los seres humanos y los salva constantemente. Ella sabe ayudar y no los deja sin apoyo en la desgracia. ¡Así actúa la sabiduría profunda!

Ella también aconseja a las personas de mal y ellas, con su ayuda, pueden encontrar el *Soporte*.

Sin embargo, si las personas de mal no valoran su ayuda ni aman al *Soporte*, la persona sabia las deja, pues no aprecia la comunicación con tales personas.

¡Esto es muy importante y profundo!

28. ¡Valiente, mantén tu modestia! Y el pueblo te seguirá.

Si has llegado a ser un líder para las personas, permite que el Gran Te dirija tus actos. ¡Y sé puro, cariñoso y sutil en el alma, como un niño de pecho!

¡Estando en el bien, no te olvides de la existencia del mal! Y sé un ejemplo de bien para todos.

Quien ha llegado a ser un ejemplo de todo lo mencionado para los demás ya no difiere por la calidad del alma del Gran Te. Y después se dirige hacia la Unión con el Tao Eterno.

Tal persona, sabiendo sus logros y méritos, se mantiene en el anonimato, pero con eso se convierte en un sabio jefe natural.

Es necesario contribuir a que exactamente tal persona sabia sea un jefe de la gente. Y entonces habrá orden permanente en el país.

29. Algunos ansían gobernar el mundo entero y se esfuerzan por lograrlo. ¡Pero yo no veo para esto ninguna posibilidad! ¡Pues el mundo es un recipiente de Tao maravilloso e invulnerable! ¡Y a Tao no es posible gobernarlo!

¡Quien, a pesar de todo, intentará hacerlo, con seguridad fracasará!

Cada uno tiene dos opciones: oponerse al flujo armonioso de la existencia o seguirlo. Los primeros lucharán, perderán sus fuerzas y luego llorarán y se debilitarán; los segundos florecerán en la armonía, respirarán a todo pulmón y se fortalecerán.

La persona sabia no ambiciona el poder y evita la opulencia, el lujo y la prodigalidad.

30. El líder de un país, quien es fiel a Tao, no enviará su ejército a otro país. Esto le traería la desgracia principalmente a él mismo.[20]

Y allí por donde un ejército ha pasado impera la devastación. Y después de las guerras, llegan los años de hambre.

Un caudillo sabio nunca es belicoso. Un guerrero sabio nunca se enfurece. Quien sabe vencer al enemigo no ataca. Quien ha vencido se detiene. Esta persona no se permite ejercer violencia sobre el enemigo derrotado. Después de obtener la victoria, no se enaltece. Vence y no se siente orgullosa de esto. A tal persona no le gusta hacer la guerra. Vence sólo porque le fuerzan a pelear. Y a pesar de que vence, no es belicosa.

Si el hombre empieza a enfermarse y a marchitarse en la flor de su vida, es porque no ha vivido en armonía con Tao. La vida de tal persona en la Tierra se acaba antes de tiempo.

---

[20] Aunque sea debido a la «ley del karma».

31. Las armas son instrumentos de aflicción. Éstas merecen ser desechadas.

Por eso quien sigue a Tao no las usa.

Un gobernador digno es condescendiente. Sólo para la defensa, tal gobernador aplica la fuerza. Él o ella emplea todos los medios para mantener la paz.

Glorificarse con una victoria militar significa regocijarse con la matanza de las personas. ¿Y acaso puede ser respetado aquel que se alegra de la matanza?

Y el respeto conlleva el bienestar. El bienestar contribuye al proceso creativo.

En cambio, la violencia conlleva la aflicción.

Si asesinan a muchas personas, hay que dolerse amargamente. La victoria militar debe ser «celebrada» con una ceremonia fúnebre.

32. Tao es eterno y no tiene apariencia humana.

Aunque Tao es un Ser tierno, nadie en el mundo puede someterlo.

Si la nobleza y los gobernantes del país viviesen en armonía con Tao, las demás personas se volverían tranquilas por sí mismas. ¡Entonces el cielo y la tierra se unirían en armonía; llegarían la prosperidad y el bienestar; el pueblo se calmaría aun sin órdenes!

Para establecer el orden en el país, se crean las leyes. Pero éstas no deben ser demasiado rigurosas.

Tao es parecido a un océano. El océano se encuentra en la posición más baja que todos los ríos; por lo tanto, todos los ríos fluyen hacia éste.

33. Aquel que conoce a las personas es razonable. Aquel que se conoce a sí mismo es iluminado.[21] Aquel que puede conquistar a los enemigos es fuerte. Aquel que se ha conquistado a sí mismo[22] es poderoso.

Aquel que tiene abundancia material vive acomodadamente. Aquel que actúa con gran perseverancia posee la voluntad. Pero aquel que consiente sus caprichos es débil y tonto.

Aquel que ha alcanzado la Unión con Tao y no la pierde ha alcanzado la Existencia Superior. Y después de la muerte de Su cuerpo, esta Persona continúa viviendo en Tao volviéndose verdaderamente Inmortal.

34. El Tao Eterno penetra todo. Está presente a la izquierda y a la derecha. Y gracias a Tao, todas las almas aparecen, siguen viviendo y siguen desarrollándose.

Aunque Tao es tan grandioso y realiza actos tan grandes, no desea la gloria para Sí.

Tao educa con amor a todos los seres, no ejerce violencia sobre ellos y no insiste en que las personas cumplan Sus deseos.

Tao es Grande, aunque no insiste en esto.

Las personas razonables anhelan alcanzar a Tao, al Grande.

---

[21] Se trata del conocimiento completo del propio organismo multidimensional.

[22] A sus propios vicios (o defectos del alma) y a su base, que es el *yo inferior* con su egocentrismo.

35. Todos Los Perfectos confluyen en el Gran Tao.

¡Sigue este Camino también! Haciéndolo, no te harás ningún daño; por el contrario, obtendrás la tranquilidad, la armonía y la plenitud de la vida.

Personalmente yo, permaneciendo en estado de *no acción*, viajo en la Infinitud de Tao. ¡Esto no es posible transmitirlo con palabras! ¡Tao es Sutilísimo y Extático!

36. La pasión terrenal debilita. La resolución inquebrantable llena de poder.

La pasión terrenal mutila. La resolución inquebrantable eleva y fortalece la conciencia.

La pasión terrenal esclaviza a su poseedor. La resolución inquebrantable hace al hombre libre.

Lo desapasionado, suave y flexible conquista lo apasionado, duro y grosero.

37. Tao no actúa directamente en el mundo de la materia.[23] Y, sin embargo, la Creación entera es una obra de Su arte.

¡Tú también actúa de la misma manera, y entonces todo lo viviente a tu alrededor se desarrollará de forma natural!

¡Cuando vives con sencillez y en armonía con Tao, sin prestar atención a los chismes ni a la enemistad, llegas a lo que se llama *no tener apegos ni pasiones!*

---

[23] Es Te Que actúa en el mundo de la materia.

La ausencia de los deseos mundanos da la tranquilidad interior, y entonces el orden se establece alrededor.

38. Aquel Que representa al Gran Te no se obliga a hacer buenos actos, pues esta Persona, naturalmente, representa la Bondad misma.

Pero aquel que está lejos de Te puede tratar de obligarse a hacer buenos actos, puesto que su esencia no es la bondad.

Aquel Que representa al Gran Te no busca realizar actividades intensas en el mundo de la materia, ya que actúa en la *no acción*.

En cambio, aquel que está lejos de Te vive en la agitación y actúa bajo la influencia de sus propias pasiones. En el aspecto religioso de la vida, su actividad se reduce sólo a los rituales, pero el confiar en la «magia» de los rituales indica la degradación de la religión. Y tal persona encima obliga a los demás a actuar a su manera.

Esto pasa sólo con aquellos que no tienen a Tao en sus vidas. No hay que confiar en estas personas. Ellas ya han traicionado a Tao y están dispuestas a traicionar a cualquiera.

La persona sabia que ha conocido a Tao es capaz de reconocer a la gente por estos indicios y elige comunicarse sólo con las personas de bien.

39. Existen Aquellos Que están en Unión con Tao desde tiempos antiguos. Gracias a Ellos, el cielo está puro y la tierra es sólida, la naturaleza es tierna y los ríos son caudalosos, los valles florecen, los seres se multiplican, los héroes del Camino espiritual son los modelos dignos de imitar. ¡Esto es lo que aseguran Aquellos Que alcanzaron la Unidad!

Si no hubiera existido Su ayuda, el cielo no habría sido puro; la tierra se habría agrietado por la sequía; la naturaleza habría dejado de dar su belleza; los valles habrían dejado de florecer y se hubiesen convertido en desiertos; los seres vivos habrían dejado de multiplicarse y hubiesen desaparecido y los héroes del Camino espiritual habrían dejado de servir como modelos de bondad y hubiesen sido ridiculizados y expulsados…

El pueblo es un sostén de los gobernantes. Por lo tanto, aquellos gobernantes terrenales que se enaltecen no tienen una posición firme. Esto pasa porque ellos no consideran al pueblo como su sostén. Este es su error.

Si desarmas el carro de caballos sobre el que te sientas, ¿qué te queda?

¡No te consideres como un jaspe precioso! ¡Sé sencillo como una piedra común!

40. La interacción entre los opuestos es el ámbito de la actividad de Tao.

La *Suprema Sutileza* es una de Sus cualidades más importantes. A ésta se oponen las cualidades groseras de las personas de mal.

Todo el desarrollo de los seres encarnados pasa en la interacción entre dichos opuestos.

Pero el mismo mundo de la materia provino del *Origen Sutilísimo*.

41. La persona sabia, al llegar a saber sobre Tao, se esfuerza por alcanzar la autorrealización en Tao.

Pero aquel que no es sabio, al llegar a saber sobre Tao, por momentos Lo mantiene en su mente, por momentos Lo pierde.

Los tontos, en cambio, al oír sobre Tao, Lo ridiculizan y llaman a Aquellos Que han conocido a Tao dementes, extraviados… La sabiduría les parece una locura; la justicia suprema, un vicio; la impecabilidad, una depravación y la gran verdad, una mentira…

Sí, el gran cuadrado no tiene ángulos y no es posible oír el gran sonido y no es posible ver la gran imagen.

¡Tao está oculto a sus miradas y lleva a la Perfección sólo a los dignos!

42. En cierto tiempo, Uno salió de Tao y llevó Consigo a Otros Dos. Aquellos Dos llevaron a Otros Tres. Y Todos Ellos comenzaron a crear las diversas formas de vida en el planeta.[24]

Todas estas criaturas se subdividen en los pares de opuestos, *yin* y *yang*, y se llenan de la energía *chi*. Su desarrollo posterior proviene de su interacción.

---

[24] Se trata de la salida de Tao de varios Espíritus Santos (o Te), Quienes luego crearon y supervisaron la evolución de las almas en nuestro recién acondicionado planeta (pueden encontrar más detalles en el libro ya mencionado *Obras clásicas de la filosofía espiritual y la actualidad*).

Todos temen a la *soledad* y la perciben como sufrimiento. Esto concierne a los gobernantes terrenales, inclusive.

Ellos se preocupan sólo de sí mismos negándose a ayudar a los demás.

No obstante, la decisión correcta consiste exactamente en ocuparse de los demás, olvidándose de uno mismo.

El adepto espiritual sabio que ha dedicado su vida al bien de todos no será conquistado por la muerte. Y estas palabras yo las prefiero a todos los otros preceptos de todos los sabios.

Quienes han alcanzado a Tao se unen dentro de Éste en *Uno Solo*.

43. En el mundo ocurre que los más débiles vencen a los más fuertes. Esto sucede porque Te penetra todo y lo controla todo y a todos.

Por eso yo veo el beneficio de la *no acción*.

¡No hay nada en el mundo que pueda compararse con la enseñanza sobre el *silencio interior* y el beneficio de la *no acción*!

44. ¿Qué es más necesario la vida o la fama? ¿Qué es más valioso la vida o la riqueza? ¿Qué es más fácil de soportar una ganancia o una pérdida?

Mucho acumulas, mucho perderás.

Conoce la medida y evitarás los fracasos. Conoce los límites y no habrá riesgo. ¡Así pasarás la vida en tranquilidad, sin angustia!

Quien conoce la medida no tendrá fracasos. Quien sabe detenerse a tiempo evitará la aflicción.

Y gracias a esto, podrá conocer al Tao Eterno y Primordial.

45. La gente puede confundir La Más Grande Perfección con una locura; el gran volumen, con el vacío; una gran curva, con una recta; un gran donaire, con una torpeza; un gran orador, con aquel que no sabe hablar.

El movimiento intenso supera el frío; la inmovilidad supera el calor.

Sólo la tranquilidad y la armonía asegurarán la comprensión correcta de todo lo que ocurre en el mundo.

46. Si el país vive según las leyes de Tao, los caballos están ocupados en el cultivo de los campos.

En cambio, si en el país se ha renunciado a Tao, los caballos de guerra galopan en éstos.

¡No hay mayor aflicción que las pasiones terrenales desenfrenadas! ¡Nada arruina más que el deseo de multiplicar tesoros terrenales!

¡Quien sabe satisfacerse con lo que tiene, siempre será feliz!

47. Sin salir de su patio, la persona sabia llega a conocer el mundo. Sin asomarse a la ventana, ve al Tao Primordial. Ella no viaja lejos para conocer más.

Y aunque no viaja, lo sabe todo; y aunque no mira, puede calificarlo todo; y aunque, en apariencia, está inactiva, lo alcanza todo.

Ella, en su *corazón*, encuentra todo lo necesario.[25]

Es por eso que la persona sabia puede ver lo invisible para un ojo normal y conoce las cosas que no pueden ser alcanzadas ni caminando ni montando.

48. Quien está aprendiendo, cada día aumenta sus conocimientos. Quien sirve a Tao, cada día disminuye sus deseos terrenales. Diminuyendo constantemente estos deseos, uno llega a la *no acción*.

¡Sólo en la *no acción* es posible aprender todos los misterios del universo! Sin la *no acción*, es imposible lograrlo.

49. La persona sabia no tiene motivos egoístas. Ella vive de acuerdo con los intereses de los demás.

A los buenos, yo les hago el bien; a los malos, yo también les deseo el bien. Esta es la bondad de Te.

Con los honestos, soy honesto, pero con los deshonestos, también soy honesto. Esta es la honestidad de Te.

La persona sabia vive tranquilamente en su país. Pero allí también viven otras personas: buenas y malas, honestas y deshonestas, razonables y tontas, egoístas y altruistas, las que escuchan a Tao y las que Lo niegan.

---

[25] Claro está que en este caso no se trata del corazón físico, sino del corazón espiritual que se desarrolla a través de los métodos del buddhi yoga hasta un gran tamaño. Es dentro de este corazón donde conocemos a Tao. Y desde este corazón obtenemos acceso a cualquier ser.

La persona sabia considera al pueblo como a sus hijos.

50. La gente nace y muere en la Tierra. De cada diez, aproximadamente tres continúan luego la existencia paradisíaca; tres van por el camino de la muerte al infierno y tres son aquellos que no han progresado en el desarrollo del alma debido a su apasionamiento por los asuntos terrenales.

Aquellos Que han aprendido la *verdadera vida*, caminando por la tierra, no tienen miedo de rinocerontes ni de tigres y, entrando en una batalla, no tienen miedo de los soldados armados. El rinoceronte no tiene donde clavar su cuerno en estas Personas; el tigre no tiene donde poner sus garras sobre Ellas y los soldados armados no tienen donde golpearlas con sus espadas. ¿Por qué es así? Porque para tales Personas, la muerte no existe.[26]

51. Tao crea a los seres. Te los cuida, los educa, los ayuda a perfeccionarse y a madurar, los apoya.

Estos seres, poco a poco, crecen como almas, se desarrollan y alcanzan la Perfección.

Por lo tanto, no existe ninguna persona que no debiera venerar a Tao y a Te.

---

[26] Aquellos Que, con la ayuda de los métodos del buddhi yoga, se han transformado en corazones espirituales grandes y, además, se han unido con Tao se experimentan muy cómodamente sin cuerpo. Y estas Personas —como Conciencias grandes— no pueden ser heridas ni por los animales ni por las armas humanas. Ellas son Inmortales.

Tao y Te no obligan a nadie, sino que les dan a todos los seres la posibilidad de desarrollarse naturalmente según el libre albedrío de cada uno.

¡Crear sin apropiarse de lo creado! ¡Hacer sin alabarse! ¡Siendo el mayor entre otros, no ordenar! ¡Estos son los principios de la vida del Gran Te!

52. Todo en el mundo de la materia tiene su Origen, Que es la Madre del mundo material.

Cuando la Madre sea conocida, entonces será más fácil conocer a Sus Hijos[27].

Cuando los Hijos sean conocidos, no hay que olvidarse de la Madre. En este caso, vivirás hasta el final de tu vida sin adversidades.

Si uno desecha sus deseos personales y se libera de las pasiones terrenales, podrá vivir sin cansarse.

Por el contrario, si uno da rienda suelta a sus pasiones y está ocupado con asuntos mundanos, no encontrará la salvación de las adversidades.

Ver a lo *Sutilísimo* es la verdadera *claridad de visión*.

El poderío auténtico depende de la conservación de la *sutileza* de la conciencia.

¡Contempla la Luz de Tao! ¡Estudia Sus *Profundidades!* ¡Es el Tesoro Más Grande! ¡No Lo pierdas y evitarás todas las desgracias!

53. Quien tiene el conocimiento verdadero marcha por el Camino Recto.

---

[27] Te.

Lo único de lo cual tengo miedo es de involucrarme en la vanidad.

El Camino Recto es absolutamente recto. Pero las personas prefieren las sendas tortuosas.

Si los gobernantes terrenales concentran toda su atención en el lujo de sus palacios, los campos se cubren con hierba mala y los graneros quedan vacíos. Estos gobernantes se visten con trajes lujosos, llevan las espadas afiladas, no se satisfacen con comida sencilla y acumulan riquezas desmedidas. Esto es igual a un robo y es una violación de los principios de Tao.

54. En el proceso de conocerte, también conocerás a los demás. Ayudando a los demás, conocerás todo.

No es posible volcar a aquel que sabe estar firmemente de pie. No es posible derribar a aquel que sabe apoyarse. ¡Sí, de tal persona se acordarán sus descendientes!

¡Pero cuando logres la misma estabilidad en Tao, resplandecerás para otras personas con la Luz de Tao, como lo hace el sol naciente!

¡Y preocúpate por ayudar en esto a tu familia, a otras personas que viven en tu país y después a las que viven por todas partes! A través de esto, obtendrás un poder insuperable e ilimitado de conciencia.

¿Cómo yo he conocido todo esto? Exactamente así.

55. Aquellos que viven en Unión con el Gran Te son puros como un recién nacido. Los insectos venenosos no Los pican; las serpientes no Los muerden; los animales salvajes y aves de rapiña no Los atacan. Son sutiles[28] y están unidos firmemente con Tao.

Ellos no evalúan a las personas por el sexo u otras cualidades exteriores, sino que miran su esencia: el alma.

Ellos también perciben a los demás como partes integrantes del *Uno*[29], en la *Unidad*.

Y tienen la facultad de estimular el crecimiento espiritual en las personas.

Ellos pueden predicar todo el día y aun así Sus voces permanecen fuertes. ¡Pues están en constante Unión con Tao!

¡Sus vidas transcurren en la felicidad!

En cambio, las personas ordinarias, apenas llegan a la plenitud de sus fuerzas, inmediatamente empiezan a marchitarse en la vejez. Esto sucede porque ellas no han alcanzado la Unión con Tao.

56. ¡No hay manera de transmitir la verdad sólo a través de las palabras! ¡Quien espera hacerlo no entiende completamente de qué se trata aquí![30]

Aquel Que desecha sus deseos personales, Que se libera de las pasiones terrenales, Que reduce sus

---

[28] Como almas o conciencias.
[29] Del Absoluto. (Pueden encontrar más detalles en el libro *Ecopsicología*, del Dr. Vladimir Antonov).
[30] Uno puede entender la verdad totalmente sólo realizando en la práctica todo lo que se dice aquí.

necesidades, Que alcanza una comprensión clara, Que no busca la fama y permanece en un estado inalterable y sutil de la conciencia, representa Consigo Mismo al Profundísimo Tao Primordial.

Es imposible tentarlo, ofenderlo, forzarlo, persuadirlo a estar de acuerdo con que Lo glorifiquen. ¡Nadie puede dañarlo!

¡Esta Persona resplandece como el sol! ¡Es como una fuente de la cual cada quien pueda beber!

¡Es una Joya Sublime entre las personas!

57. De Tao emanan la tranquilidad, la armonía y la justicia.

Pero entre las personas están la astucia, la avidez, el engaño y la violencia…

Es posible entrar en Tao sólo a través de la *no acción*.

Cuando las personas buscan acumular muchas cosas innecesarias, se empobrecen espiritualmente.

Cuando se producen demasiadas armas, inevitablemente, se incrementa la delincuencia y surgen los motines.

Cuando los artesanos diestros concentran todos sus esfuerzos en la creación de los objetos materiales de valor, los fenómenos milagrosos dejan de ocurrir en el país.

Cuando las leyes y las represiones se vuelven demasiado severas, la oposición y el número de personas descontentas crecen.

Por eso la persona sabia se aparta de la vanidad y deja que todos los acontecimientos ocurran sin su participación directa.

Hay que empezar los cambios en uno mismo. Yo procuro alcanzar el silencio y la tranquilidad interiores y los demás, observándome, se calmarán. No busco poseer muchas cosas materiales y las personas a mi alrededor empiezan a satisfacerse con poco. Vivo sin apegos terrenales ni pasiones y la gente a mi alrededor llega a la sencillez y naturalidad de la vida.

58. Cuando los gobernantes terrenales rigen en tranquilidad y armonía, las personas también son tranquilas y pacíficas. Y ellas no buscan nada más allá de este bienestar.

Por el contrario, cuando los gobernantes terrenales actúan con excitación y agresividad, las personas empiezan a sufrir. Entonces en lugar del bienestar, sobrevienen las desgracias y calamidades. Y la gente se pone a pensar, a buscar la salida, y algunos la encuentran llegando a la *no acción* y sumergiéndose en la Luz del Tao Infinito. A fin de cuentas, la suerte y la felicidad nacen de la aflicción.

Como vemos, la felicidad y la infelicidad se engendran una a la otra.

La persona sabia, en cambio, es siempre tranquila, suave, cariñosa y justa. Ella no quiere tomar nada de otros. Es desinteresada y no le hace daño a nadie con nada. Es veraz y vive en armonía con Tao, con la naturaleza y con todos los demás.

Es luminosa, mas no brilla.

59. Para servir eficazmente a Tao, ayudando a otras personas espiritualmente, es necesario saber

acumular el poder de la conciencia. Y esto requiere abstenerse de todo lo que cause la pérdida injustificada de este poder.

Tal abstinencia, en las etapas más altas del Camino, produce el aumento del propio *Poder de Te*[31], que puede llegar a ser inagotable y garantizar el conocimiento completo de Tao.

Y Tao es el Fundamento Primordial, Eterno e Infinito de cada persona y del mundo material entero. La vía que nos une con este Fundamento se llama *raíz*.

60. La actividad de Tao y Te con respecto a las numerosas almas individuales de diferentes edades puede ser comparada con la preparación de un plato de muchos ingredientes en un caldero enorme.

Para la mayoría de las personas, Tao y Te usan los espíritus, incluso, de bajos niveles de desarrollo, con el fin de que se cumplan los destinos que estas personas han merecido.

Sin embargo, si uno se acerca, por la calidad del alma, a Tao, sale de la esfera de la influencia de tales espíritus.

61. El Gran Reino de Tao[32] está como detrás de la desembocadura de un río, como detrás de su cuenca baja.

El *Océano* se encuentra más bajo que todos los ríos; por lo tanto, todos los ríos fluyen hacia Éste.

---

[31] O, en otros términos, del componente Brahmánico de una conciencia individual, desarrollada a través de los métodos del buddhi yoga.

[32] O, en otros términos, la Morada del Creador.

El *Océano* permanece en tranquilidad y está *esperando* pacientemente a aquellos que se Le acerquen y entren en Éste.

El *Océano* es el *Gran Reino*. Y en la Tierra, existen los reinos pequeños, compuestos de personas.

El *Gran Reino* se preocupa por alimentar Consigo Mismo a todos los que entran en Éste.

Y que en los reinos pequeños, sus gobernantes también se preocupen de que todas las personas sean bien alimentadas.

Y entonces todos recibirán lo que ellos quieren, tanto en el *Gran Reino* como en los reinos pequeños.

Y recordemos que lo Grande siempre debe estar más bajo que todos.

62. Tao es el profundo Fundamento de todo. Es el Tesoro de aquellos que Lo buscan. No obstante, Tao también reconoce la existencia de las personas de mal.

Sin duda, hay que predicar la pureza y la conducta bondadosa a todas las personas. Pero ¿acaso no necesita la sociedad de las personas de mal?

¿Acaso no ayudan ellas a conocer el carácter efímero de los bienes y tesoros terrenales, así como el carácter ilusorio de la esperanza de permanecer siempre en la Tierra en el cuerpo actual?

¿Acaso, en la interacción con ellas, no hacen las personas de bien esfuerzos por transformarse en su Camino hacia Tao con el fin de apartarse tan lejos del mal como les sea posible? Pues para ser inalcanzable

por el mal, es necesario realizar acciones concretas para el desarrollo de uno mismo como conciencia.[33]

¡Y muchos no se esforzarían por llegar a ser mejores si no hubiese existido «ayuda» de parte de las personas de mal!

Los gobernantes terrenales, quienes poseen el poder absoluto, y sus allegados valoran sus alhajas y carruajes lujosos. ¡No obstante, en realidad, no son mejores que aquellos que, en la soledad y tranquilidad, siguen el *Camino Más Profundo* hacia Tao! ¿No sería mejor para estos gobernantes también comenzar a llevar una vida tranquila y dedicarla al conocimiento de Tao?

Se afirma que en la antigüedad las personas no buscaban riquezas terrenales y los delincuentes no eran ejecutados. En aquellos tiempos, todos veneraban a Tao.

63. ¡Libérate de la agitación de la mente y de los actos innecesarios! ¡Mantén la tranquilidad y conténtate con comida sencilla!

Así comienza el Camino hacia el conocimiento del Gran Tao, Que es Uno Solo, compuesto de muchas Almas Grandes.

También existen muchas almas pequeñas, encarnadas en los cuerpos.

La persona sabia que ha conocido esto comprende que es necesario responder al odio con el bien.

---

[33] Tales ejemplos están en el libro *Cómo conocer a Dios. Libro 2. Autobiografías de los estudiantes de Dios*.

Empieza el trabajo difícil con la parte fácil. Pues toda gran obra consta de elementos pequeños. Así, gradualmente, se finalizan grandes obras.

Si alguien, sin embargo, promete llevar a cabo una gran obra «de un solo golpe», sus palabras no son dignas de confianza.

¡Con todo, la persona sabia no comienza de ninguna manera «grandes empresas» en el mundo material! Por lo tanto, lleva a cabo grandes obras en el mundo espiritual. Y no le es difícil.

64. Es fácil ayudar a esta persona que ya aprendió a estar en la armonía.

Es fácil mostrar la senda al buscador que no la ha encontrado todavía. Sin embargo, siempre es necesario recordar que el débil puede caer fácilmente de la senda. Y aquel que es todavía un alma pequeña huirá de las dificultades.

Es más fácil empezar a construir allí donde no tendrás que destruir primero viejas ruinas. Es mejor introducir el gran conocimiento allí donde no tropezarás con personas malas y necias.

Y entonces un gran árbol crece de un arbolito; una torre de nueve pisos empieza a construirse con un puñado de tierra; un viaje de mil *li*[34] comienza con un paso.

En el mundo de la materia, los empresarios se arruinan y los dueños de las propiedades las pierden. Por eso la persona sabia no actúa así y no sufre fracasos. Ella no tiene nada y, por lo tanto, nada pierde.

---

[34] Unidad china de longitud, actualmente igual a 500 metros (nota del traductor).

La persona sabia no vive en las pasiones terrenales, no pretende ganar nada material que exija mucho esfuerzo. Ella vive en la sencillez natural y se contenta con lo que rechazan las personas mundanas.

Ella marcha por el Camino hacia Tao.

65. Quien ha conocido a Tao no se exhibe ante las personas ignorantes ni tampoco quiere «dirigir a las multitudes». Por lo tanto, puede seguir perfeccionándose y ayudando a los dignos.

El secreto conocimiento superior acerca de los métodos del desarrollo de la conciencia puede ser pernicioso para las personas que no están preparadas para recibirlo.

Conociendo esto y actuando de acuerdo con estos principios, la persona sabia llega a ser un ejemplo para imitar.

Así también actúa el Gran Te.

Con el fin de comprender lo dicho, es necesario darse cuenta de que el Gran Te es Lo Opuesto a las personas de vicio. En relación a estas personas, el Gran Te está en la lejanía inalcanzable.

¡Esto es Lo Que el Gran Te es! ¡Posee el Poder Supremo y cuida de toda la multitud innumerable de seres vivos! ¡Une y separa a las personas! ¡Dirige todo! ¡Es el Soberano Que merece el más grande amor y admiración!

¡Aprendiendo del Gran Te, obtendrás el bienestar superior!

66. Los grandes ríos son tan poderosos porque fluyen hacia abajo, hacia los mares, recogiendo en sí el agua que baja de sus alrededores.

La persona sabia que desea ayudar al pueblo también debe ponerse en una posición más baja que los demás. En este caso, a pesar de ser superior al pueblo, ella no será una carga para la gente y las personas no le harán daño. Las personas le seguirán alegremente y no le darán la espalda.

La persona sabia no compite con nadie; por lo tanto, es invencible.

Y ella misma, constantemente, progresa más y más, pero las personas no la envidian.

La persona sabia no lucha contra nadie; por lo tanto, nadie en el mundo entero puede obligarla a actuar en contra de su propia voluntad.

67. ¡Tao es Grande y no tiene iguales o similares!

¡Se encuentra en tal *profundidad* y es tan *sutil* que es imposible asirlo u obligarlo a hacer algo!

Yo poseo tres tesoros que estimo: el primero es el amor hacia los seres humanos, el segundo es la economía y el tercero consiste en que no me permito colocarme delante de los demás. Yo amo a los seres humanos, por lo tanto, puedo ser valiente. Economizo, por lo tanto, puedo ser generoso. No me permito colocarme delante de los demás, por lo tanto, puedo ser un jefe para la gente.

Aquellos que son valientes sin amor, aquellos que son generosos sin economía y aquellos que quieren estar adelante y empujan hacia un lado a los demás, todos éstos, sufren fracasos.

Pero aquellos que, luchando, permanecen llenos de amor triunfan. Y son inexpugnables, puesto que Tao los defiende constantemente.

68. Un caudillo sabio nunca es belicoso. Un guerrero sabio nunca se enfurece. Quien sabe vencer no ataca primero. Quien sabe guiar a las personas no las humilla, sino que, por el contrario, se coloca a sí mismo en una posición más baja.

Así son las leyes de Te que renuncian a la ira, al propio enaltecimiento y a la violencia. Así actúan Aquellos Que representan a Te guiando a las personas al Tao Primordial y Eterno.

69. El arte militar enseña: «No debo empezar primero, tengo que esperar. No debo atacar avanzando siquiera una pulgada, sino que, por el contrario, me alejo un pie. Esto se llama actuar sin acción, vencer sin violencia. En este caso, no habrá enemigo y puedo evitar malgastar fuerza.

¡No hay peor desgracia que odiar al enemigo! ¡Odiar al enemigo es el camino que lleva a la pérdida de mi más precioso Tao!

Así que, las batallas las ganan aquellos que las evitaron.

70. Mis palabras son fáciles de entender y poner en práctica. No obstante, muchas personas no pueden entenderlas y no pueden ponerlas en práctica.

Detrás de mis palabras, está el *Origen* de todo. En vista de que estas personas no Lo conocen, ellas no me comprenden.

Quien ha conocido a Tao es silencioso y no llama la atención, aunque se porta con dignidad. Esta persona se viste con ropa sencilla, pero lo precioso[35] lo esconde adentro.

71. Quien posee conocimiento, pero sabe callar acerca de esto, actúa bien.

En cambio, quien no tiene conocimiento, pero aparenta ser conocedor, está enfermo.

Quien es sabio se sana. La persona sabia no se enferma porque se libera de las causas mismas de las enfermedades. Ella permanece en Tao. ¿Cómo puede enfermarse en tal caso?

72. Aquel que vive con miedo no puede llegar a ser fuerte. El poder de la conciencia puede ser obtenido siempre y cuando uno viva sin miedo.

¡Libérate también de la capacidad de despreciar a los demás! ¡Quien desprecia a los demás es despreciable ante Tao!

¡Libérate de la violencia hacia los otros! Quien recurre a la violencia será sometido a la violencia.

¡Renuncia a la habilidad de engañar! Quien engaña a los otros se engaña a sí mismo.[36]

¡Vive en amor!

---

[35] La sabiduría.

[36] Porque tal persona actúa sin tener en cuenta a Dios y Sus principios de formación de los destinos de las personas.

¡No busques exhibirte! La persona sabia que ha conocido su Esencia Superior no se entrega al narcisismo ni se enaltece.

Aquel que se ha liberado del egocentrismo adquiere la posibilidad de alcanzar a Tao.

73. Quien es valiente y belicoso morirá; quien es valiente, pero no es belicoso, vivirá.

¿Quién sabe la razón del odio hacia los belicosos? Ni siquiera la persona sabia puede explicarlo.

El Gran Tao permanece en tranquilidad y no lucha contra nadie. El Gran Tao vence sin violencia.

Es silente, pero contesta a las preguntas y acude a los que Lo llaman.

Tao —en tranquilidad— controla todo.

Y escoge para Sí a las personas dignas.

74. ¡A aquel que no teme a la muerte, no tiene sentido amenazarle con la muerte!

Con todo, quien amenaza a los demás con la muerte, deleitándose con esto, será derrotado.

El asunto de la vida y de la muerte es manejado exclusivamente por Tao. ¡A nadie más le compete hacerlo! Y aquel que se atreva a tal cosa sólo se hará daño.

75. Mirando a la mayoría de las personas, se puede pensar que están constantemente hambrientas. Es que se preocupan todo el tiempo por acumular y multiplicar sus reservas. ¡Y no pueden detenerse en esto!

¡Y en los asuntos, se preocupan sólo por su propia ganancia, a cualquier precio!

Ellas no quieren comprender los principios de la vida sugeridos por Tao, principios del amor, de cuidar a los demás y de la *no acción*.

Estas personas viven sin mirar hacia Tao, ignorándolo y malgastando su fuerza vital en las cosas sin valor verdadero. Ellas tienen el «amor por la vida» demasiado fuerte y, por lo tanto, mueren muy temprano.

Por el contrario, aquel que menosprecia su vida terrenal a causa del bien universal aumenta su valor para Tao.

76. El cuerpo del hombre al nacer es tierno y flexible, pero se endurece después de la muerte. Todas las plantas también son tiernas y flexibles al nacer, pero se secan y se vuelven frágiles después de la muerte.

Un gran árbol no resistirá a la tormenta o será cortado por el hacha. Lo flexible y tierno tiene una ventaja en este caso.

Quien es tierno y flexible marcha por el camino de la vida. Quien es grosero e inflexible marcha por el camino de la muerte.

77. Que la Vida del Tao Primordial sirva como ejemplo para nosotros.

Quien ejerce la violencia sobre las personas, las humilla y las roba se opone a Tao.

Pero aquel que nunca actúa egoístamente, que regala lo que le sobra a los demás, que realiza acciones heroicas no a causa de la gloria, que vive en paz sin pasiones terrenales, que se sumerge en la tranquilidad tierna y sutil de Tao y ayuda a las personas dignas en este Camino, puede ser denominado como la persona que se asemeja cada vez más a Tao.

78. El agua es suave y dócil. Pero mina y corroe lo duro. En el vencimiento de lo duro, ella no tiene iguales.

Lo suave y lo tierno vencen a lo duro y lo grosero. Pero sólo las personas sabias entienden de qué se trata.

79. Después de una gran perturbación emocional, quedan sus consecuencias. Por lo tanto, la tranquilidad puede ser considerada como un bien.

Y es por eso que la persona sabia presta juramento de no condenar a nadie.

Las personas buenas viven según esta regla. Las personas malas, no.

El Tao Primordial está siempre de lado de las personas buenas.

80. Sobre la estructura del Estado, yo pienso lo siguiente:

Es mejor cuando el país es pequeño y la población es poca.

Aun cuando haya muchas armas, no deben usarse. Tampoco deben usarse los barcos y los carros de guerra. Para los guerreros es mejor no batallar.

La vida en el país debe ser tal que las personas no quieran dejarlo.

Es bueno si todos tienen comida sabrosa, ropa bonita, casas cómodas y una vida alegre.

Es bueno mirar el país vecino con amor y escuchar como allí los gallos cantan y los perros ladran.

Es bueno que las personas, al llegar a la vejez en este país, alcancen la Perfección y se vayan de allí para no volver más.

81. Las palabras precisas no son necesariamente elegantes. Las palabras bonitas no siempre son dignas de confianza.

El bondadoso no es necesariamente elocuente. El elocuente puede ser malvado.

Aquel que sabe no discute; aquel que no sabe discute.

La persona sabia no es egoísta; ella actúa por el bien de los demás.

El Gran Tao se preocupa por el bien de todos los seres vivos. Todo lo que Tao hace para ellos carece de violencia y no le causa daño a nadie.

La persona sabia también actúa sin violencia y no le hace daño a nadie con nada.

Páginas web recomendadas:

www.swami-center.org
www.path-to-tao.info

También les ofrecemos las siguientes películas en español:

Corazón Espiritual. 70 min.
Sattva (Armonía, Pureza). 60 min.
Sattva de las neblinas. 70 min.
El Arte de Ser Feliz. 43 min.
Bhakti Yoga. 47 min.
Ecopsicología Práctica. 60 min.
Yoga de los Sufíes. 98 min.
Ashtanga Yoga. 60 min.
Yoga de Krishna. 80 min.
Yoga de Sathya Sai. 100 min.
Yoga taoísta. 91 min.
Yoga de Pitágoras. 75 min.
Kriya Yoga. 40 min.
Agni Yoga. 76 min.
Advaita yoga. 47 min.
Laya yoga. 48 min.
Kundalini yoga. 45 min.
Yoga de Jesús el Cristo. 128 min.
Las Llaves de los Misterios de la Vida. El Logro de la Inmortalidad. 38 min.

Nuestros libros en español:

»*Obras clásicas de la filosofía espiritual y la actualidad*
»*Ecopsicología*
»*Las Enseñanzas originales de Jesús el Cristo*
»*Tao Te Ching*
»*El Evangelio de Felipe*
»*Las Enseñanzas de Babaji*
»*Bhagavad-Gita con Comentarios*
»*Sathya Sai — el Cristo de nuestros días*
»*Espiritualidad Nativa de las Américas. El Camino del Corazón.*
»*Sexología*
»*Agni Yoga*
»*Pitágoras y Su Escuela*
»*Anatomía de Dios (colección de artículos y discursos)*
»*Parábolas Divinas*
»*Parábolas de Lao Tsé*
»*Parábolas sobre el padre Zosima*
»*Libro de los Guerreros del Espíritu*
»*El conocimiento de Dios. Al otro lado del mundo material*
»*Cómo conocer a Dios. Libro I. Autobiografía de un científico que estudió a Dios*
»*La vida para Dios*
»*Trabajo espiritual con niños*
»*Corazón espiritual. Religión de la Unidad*
»*Libro de Aquellos Que nacieron en la Luz. Revelaciones de los Atlantes Divinos*
»*"Burbujas de percepción"*
»*Comprender a Dios*

Libros en proceso de traducción:

»Cómo conocer a Dios. Libro II. Autobiografías de los discípulos de Dios
»Conferencias en el bosque sobre el Yoga Más Alto
»Nuevo upanishad. Estructura y conocimiento del Absoluto
»Parábolas de los sufíes
»Teocentrismo

Pueden encontrar la información sobre la adquisición de estos libros en las siguientes páginas web:

http://www.lulu.com/spotlight/spiritualheart
http://spiritual-art.info

Te amare en silencio
des

Diseño:
Maria Shtil,
Ekaterina Smirnova.

Made in the USA
Monee, IL
22 July 2022